Mein großes Fingerstempel-Buch

AUF DEM BAUERNHOF

Ann Cathrin Raab

Jetzt wird gestempelt!

Aus einfachen Fingerabdrücken entstehen wahre Kunstwerke! Wie das geht? Ganz einfach: Drücke einen Finger auf ein Stempelkissen und anschließend auf ein Blatt Papier. Aus deinen Fingerabdrücken kannst du die unterschiedlichsten Figuren zaubern: Menschen, Tiere, Bäume und vieles mehr.

In diesem Buch findest du viele Figuren, die man stempeln kann. Neben der jeweiligen Figur sind Hände abgebildet, sogenannte Handsymbol Sie zeigen, welche Finger für die Figur benutzt wurden und ob man für sie spezielle Abdrücke benötigte, wie zum Beispiel halbe oder kreisrunde.

Das bedeuten die Handsymbole:

①

Mit dem Daumen kannst du große Fingerabdrücke stempeln.

②

Etwas kleiner sind die Abdrücke des Zeigefingers.

③

Und noch kleiner stempelst du mit dem kleinen Finger.

④

Mit der Fingerspitze kannst du kleine rundliche Abdrücke machen.

⑤

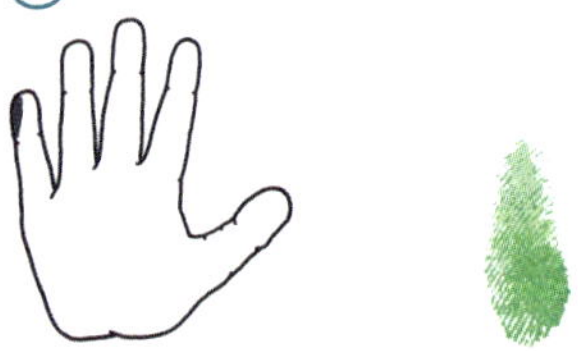

Mit der Fingerseite gelingen dir schmale, längliche Abdrücke.

⑥

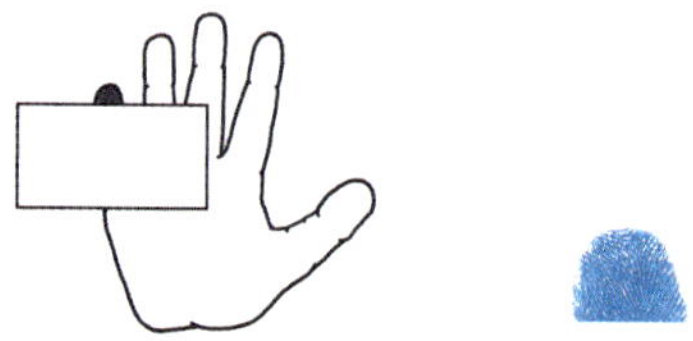

Möchtest du gerade Kanten („halbe Abdrücke“) stempeln, kannst du einen kleinen Trick anwenden: Einfach ein Stück Papier unter den Stempelfinger legen und über die Kante stempeln.

⑦

Gerade Kanten (siehe Handsymbol Nummer 6) kannst du auch mit dem Daumen stempeln.

⑧

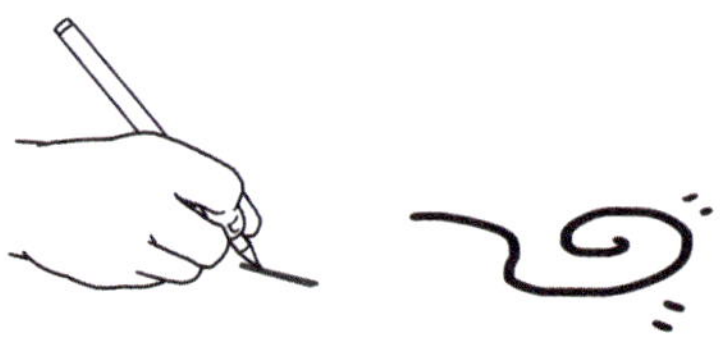

Mit einem Stift zeichnen wir unsere Stempelbilder fertig. Am besten eignen sich Fineliner, Filzstifte oder Kugelschreiber.

Dies sind die Werkzeuge, mit denen die Bilder in diesem Buch zusammengestellt wurden. Du kannst natürlich auch die restlichen Finger benutzen oder dir aus Papier andere Schablonen ausschneiden.

Hier noch ein paar Tipps:

Stecke deine mit Stempelfarbe beschmierten Finger nicht in den Mund.
Nach dem Fingerstempeln heißt es: Hände waschen!

Lege am besten einen Unterlage unter das Papier,
damit der Tisch keine Stempelfarbe abbekommt.

Ziehe dir eine Schürze über oder ziehe dir am besten einen Kittel an,
damit deine Kleidung nicht befleckt wird.

Wische dir die Finger an einem Tuch ab, wenn du die Farbe wechselst.
Sonst verschmutzen die Farben und leuchten nicht mehr so schön.

Probiere zunächst auf einem „Schmierpapier" aus,
welche Menge an Stempelfarbe die besten Abdrücke macht. Verschmiert?
Zu viel Farbe! Blass? Zu wenig Farbe!

Lasse die Fingerabdrücke trocknen, bevor du sie bemalst.

Denk dir selber Figuren aus.
Wenn du erst einmal mit dem Fingerstempeln begonnen hast,
werden dir ganz schnell eigene Ideen kommen und neue Bildmotive einfallen.
Deiner Fantasie sind keine Grenzen gesetzt!

Das Bauernhaus

Dachziegel

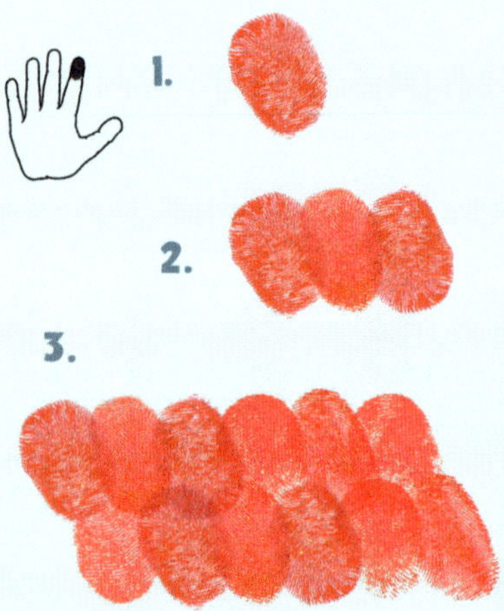

Wetterhahn

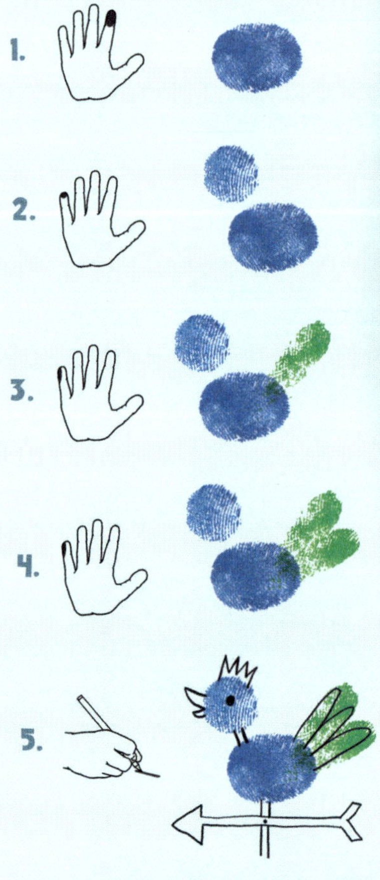

Kinder im Haus

1. 

2. 

Storch auf dem Schornstein

1. 

2. 

3. 

4. 

5. 

Die Koppeln

Schaf

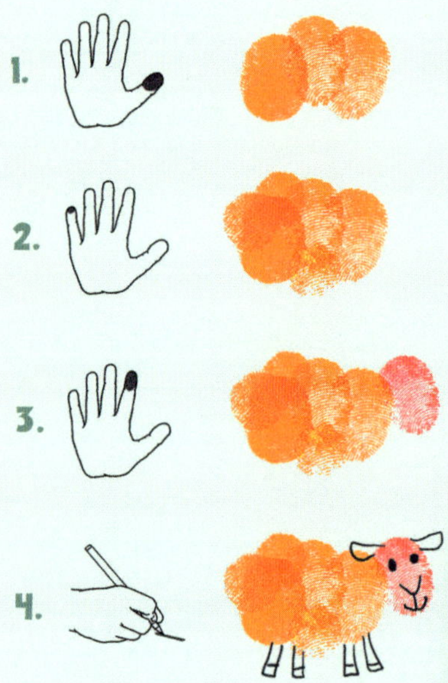

Esel

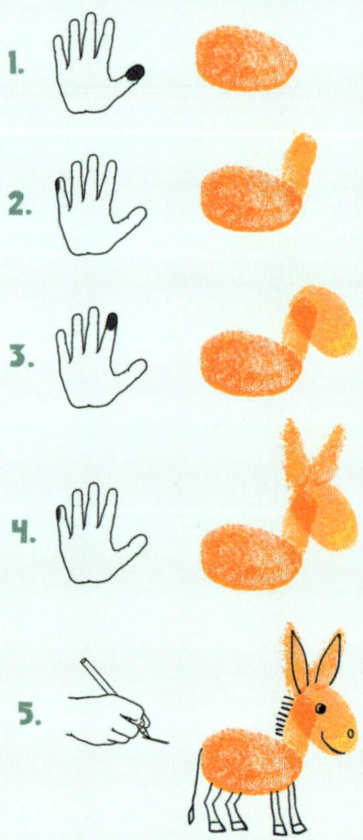

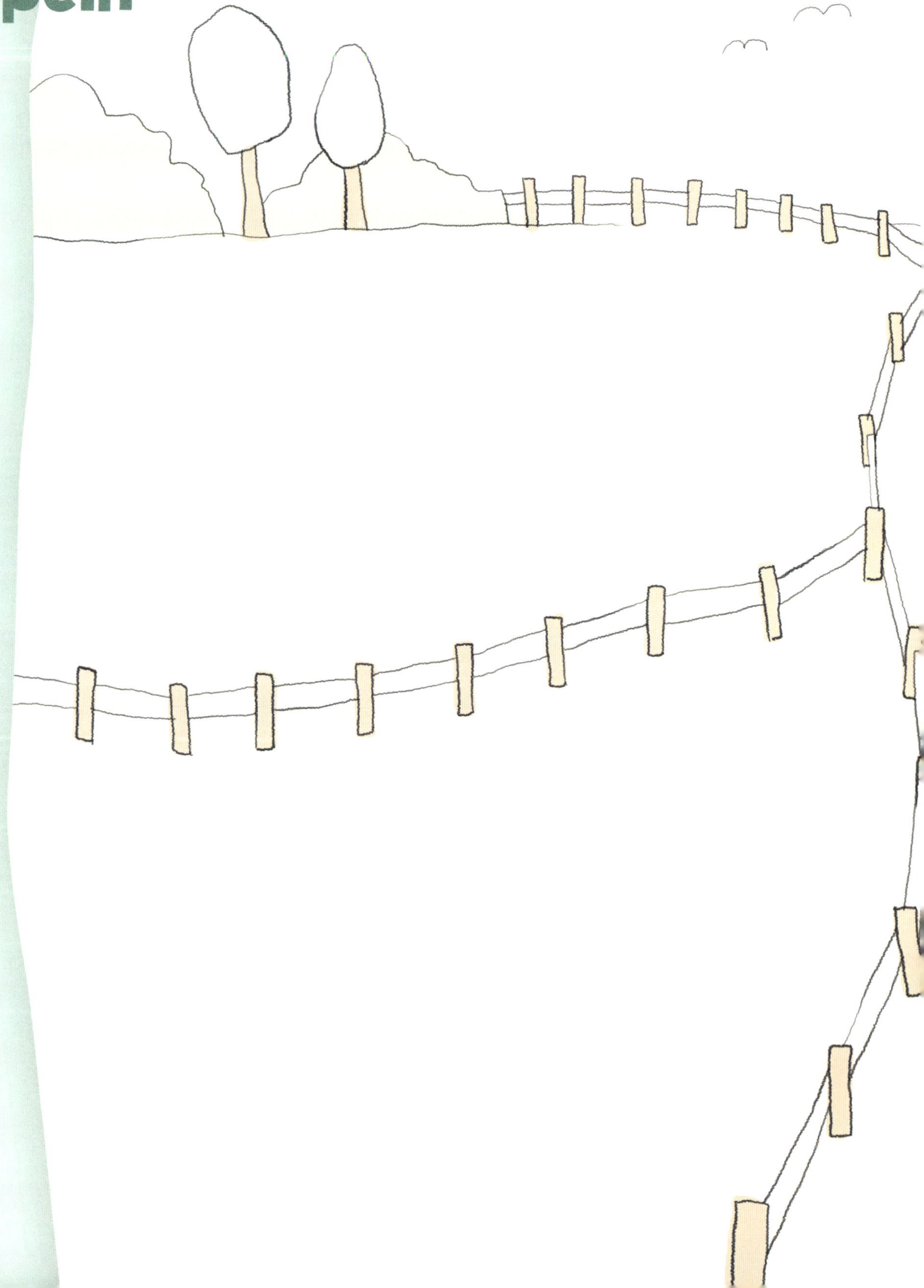

Kuh

1.
2.
3.
4.
5.

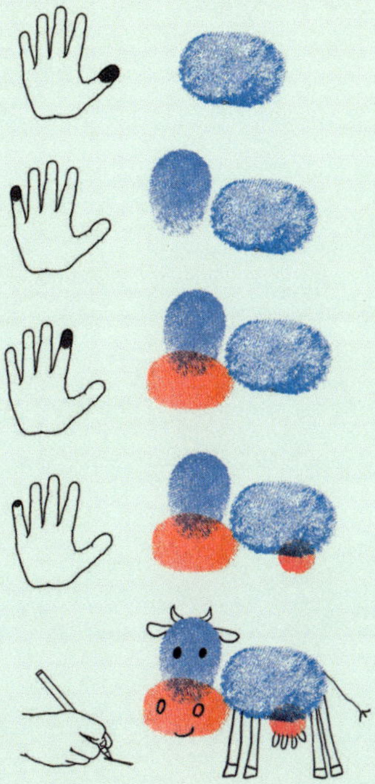

Lamm

1.
2.
3.

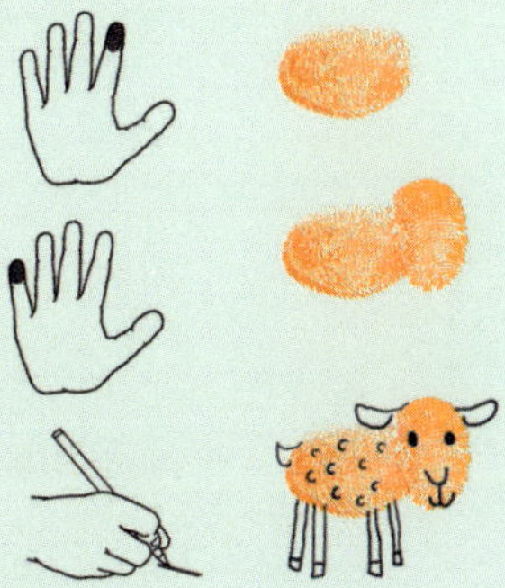

Kalb

1.
2.
3.
4.

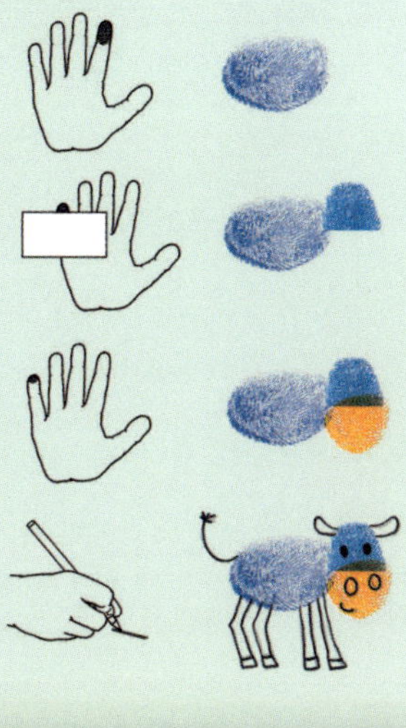

Scheune und Hundehütte

Katze

Maus

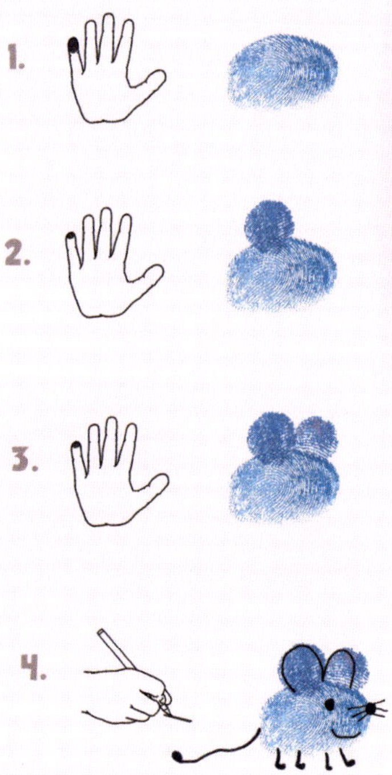

schlafende Katze

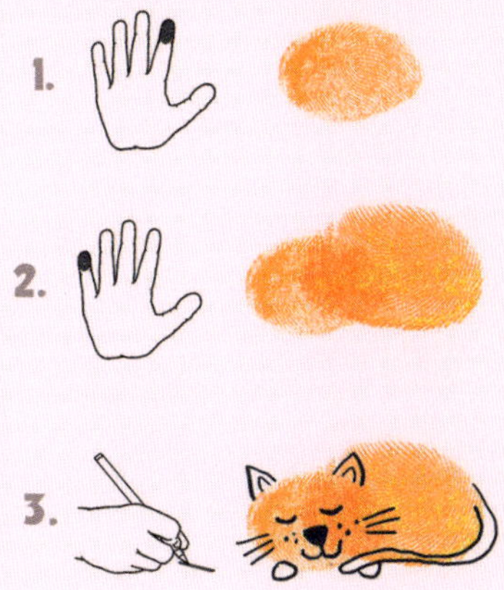

Hofhund

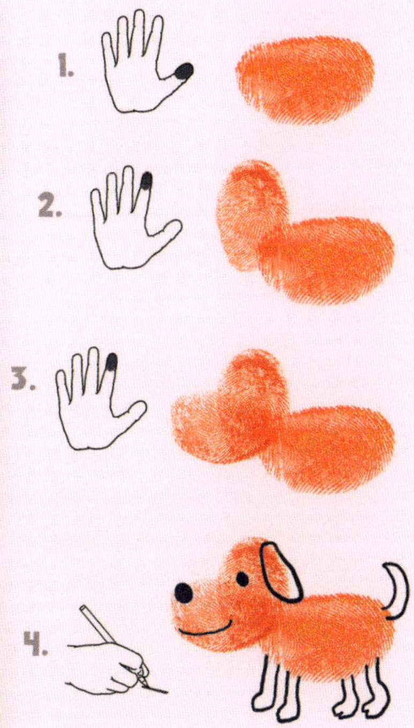

Knochen

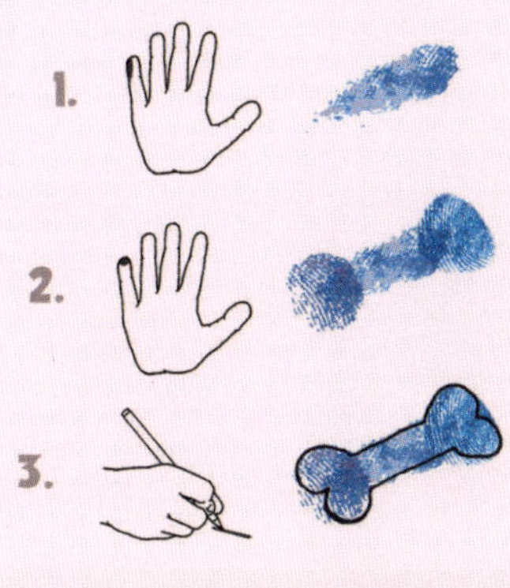

Der Misthaufen

Hahn

1. 

2. 

3. 

4. 

5. 

6. 

7. 

Küken

1. 

2. 

3. 

Pfau

1. 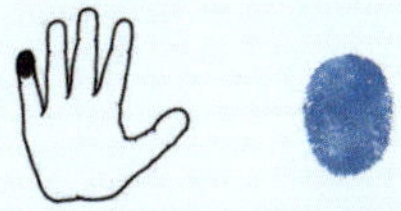

2. 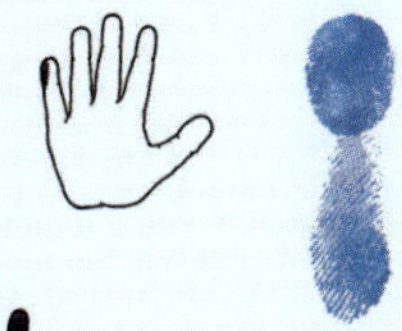

3. 

4. 

5. 

Schweine und Gänse

Schwein

1.
2.
3.

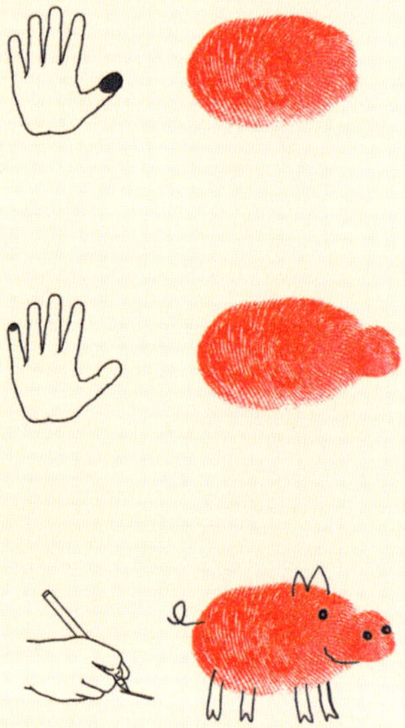

Ferkel

1.
2.
3.

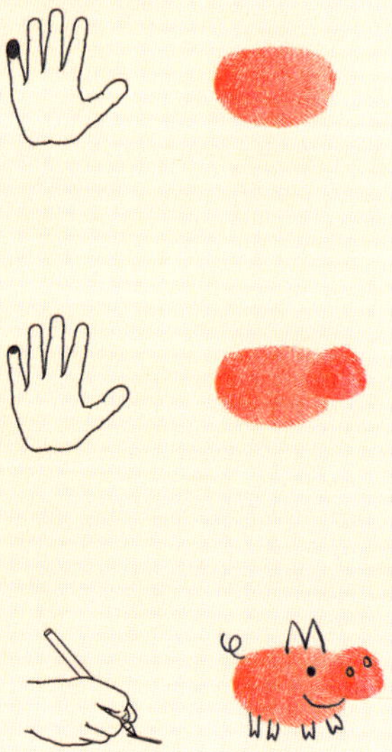

Gans

1.

2.

3.

Tannenbaum

1.

2.

3.

4.

5.

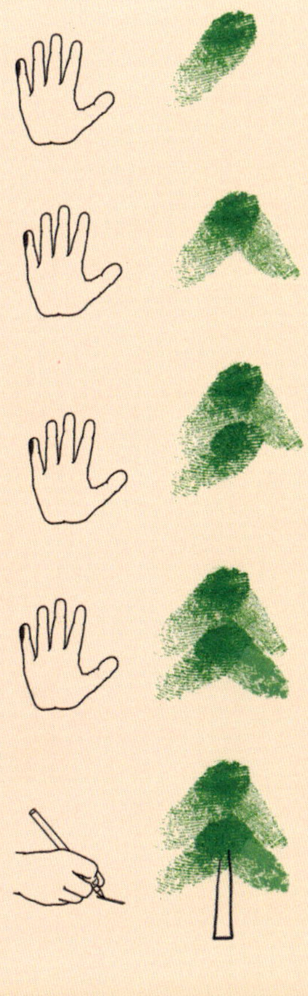

Blumen zum Selberpflücken

Tulpe

1.

2.

3.

4.

Chrysantheme

1.

2.

3.

Dahlie

1.
2.
3.
4.

Gladiole

1.
2.
3.
4.

Die Bauernhofbewohner

Bauer, Bäuerin und Knecht mit Axt

Kinder

Magd

Knecht mit Schubkarre

Der Kaninchenstall

Kaninchen

1.
2.
3.
4.
5.

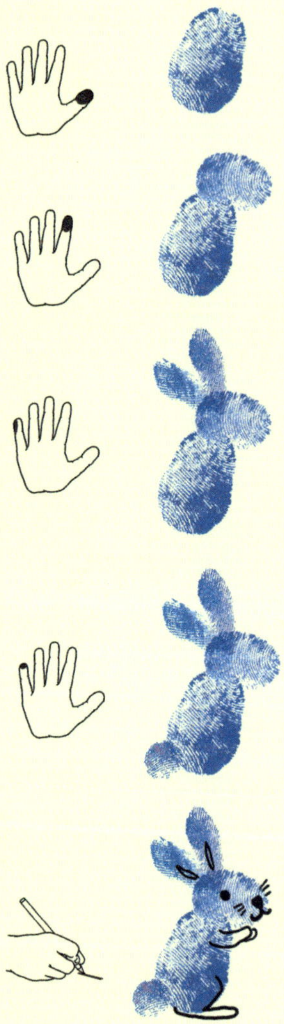

Meerschweinchen

1.
2.
3.

Löwenzahn

Kaninchen

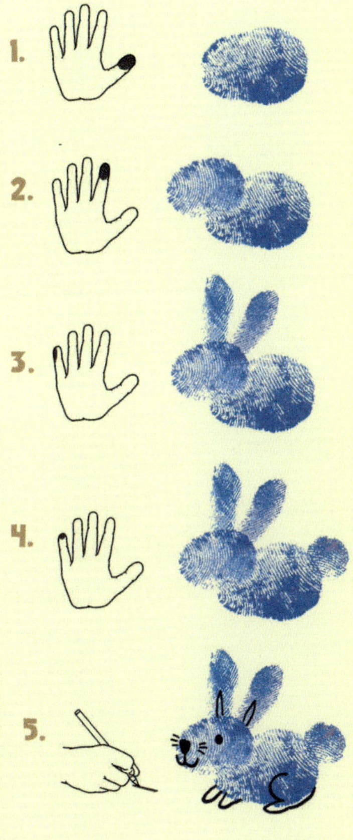

Möhre

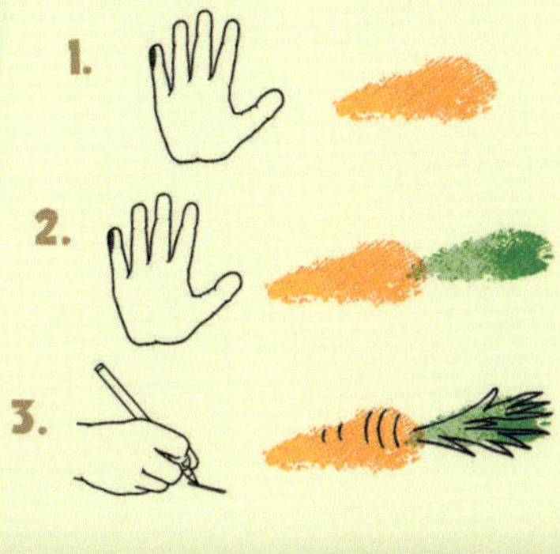

Der Hühnerstall

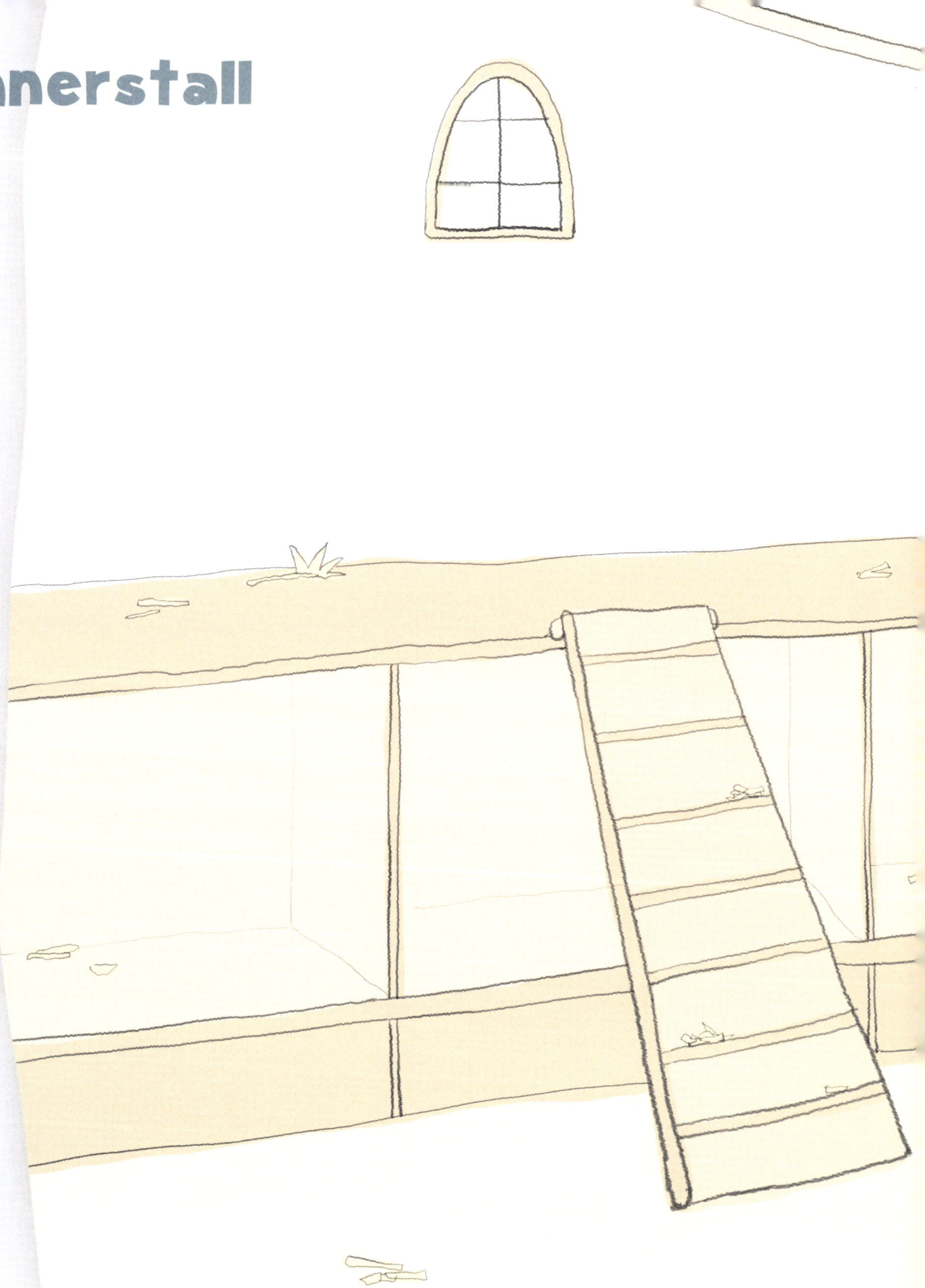

Huhn

1.
2.
3.

Küken

1.
2.
3.

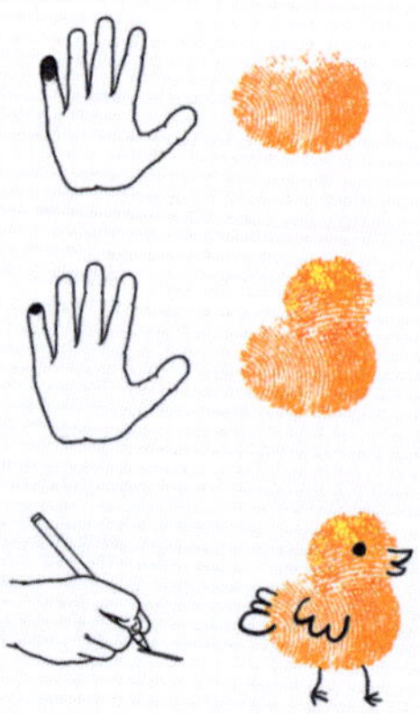

Nest

1.
2.
3.

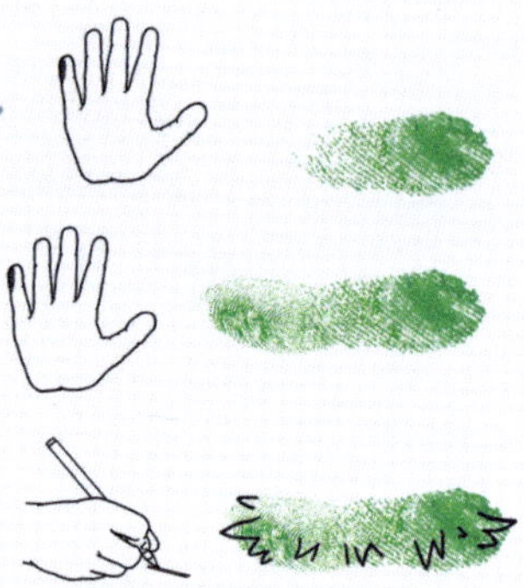

Glucke

1. 2. 3.

Eier im Nest

1. 2. 3.

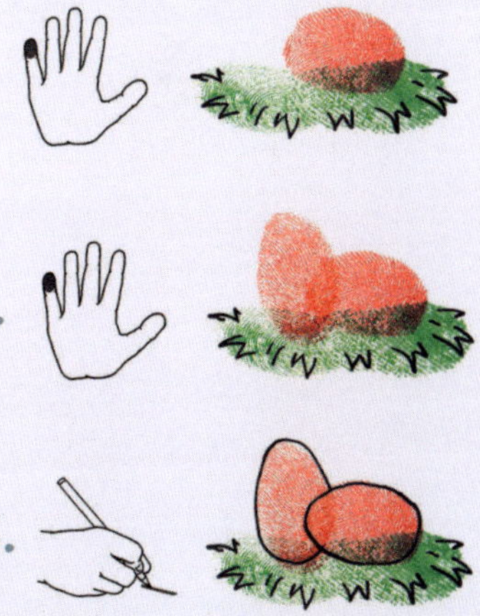

schlüpfendes Küken

1. 2.

Am Wegesrand

Vogelscheuche

1.
2.
3.
4.
5.
6.

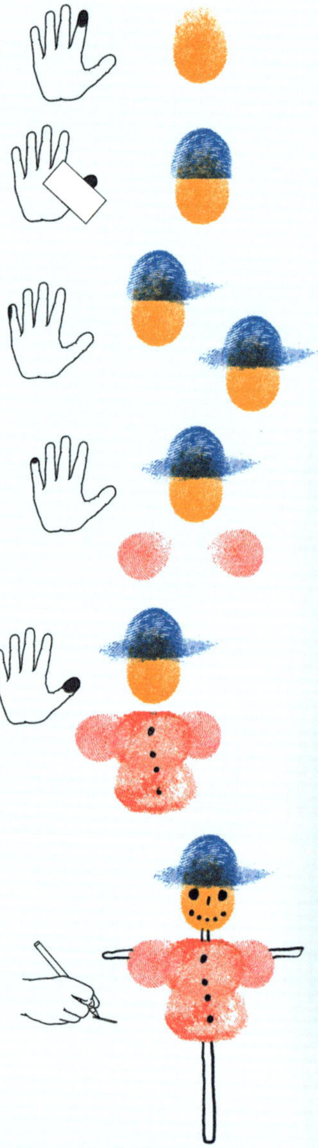

Weizen

1.
2.

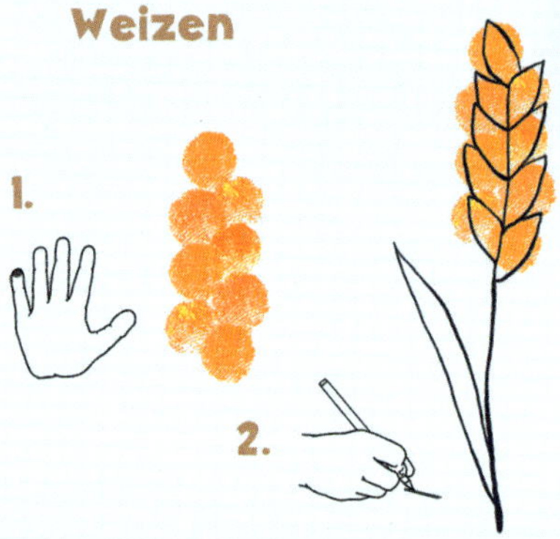

Raps

Käfer, Heuschrecke und Gänseblümchen

Feldmaus

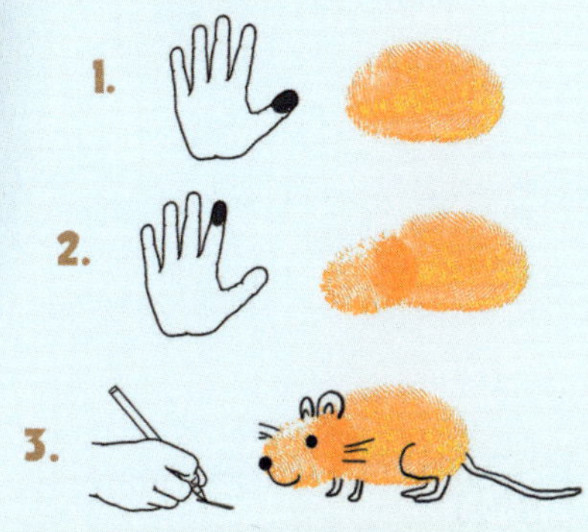

Die Heuernte

Trecker

1. 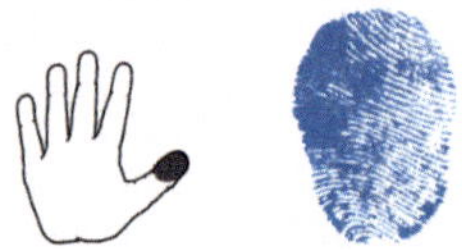

2. 

3. 

4. 

Heuwagen

1. 

2. 

3. 

4. 

Frontlader

Heuwender

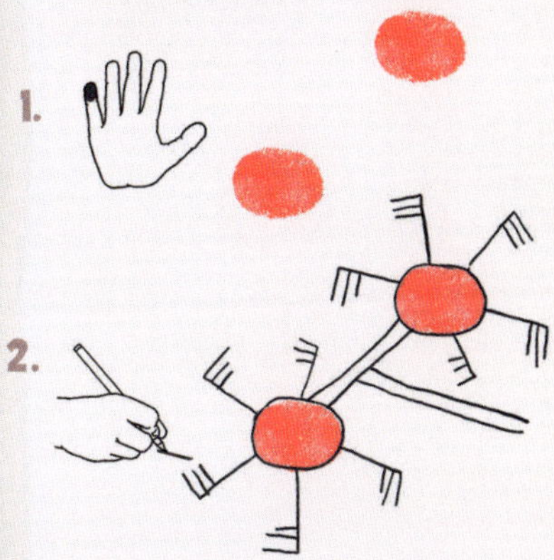

Rundballen

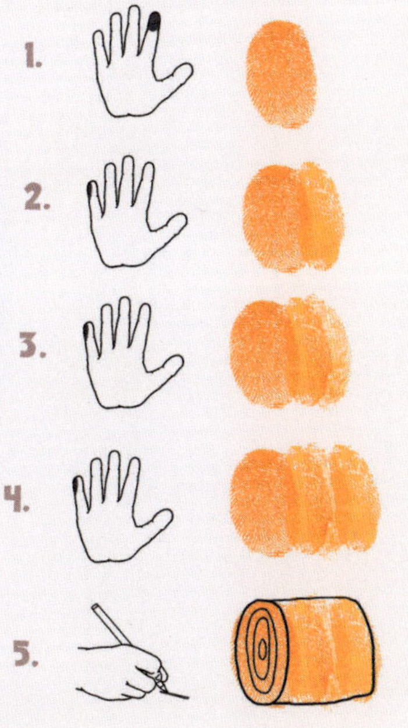

Der Ententeich

Ente

1. 

2. 

3. 

4. 

Schilf

1. 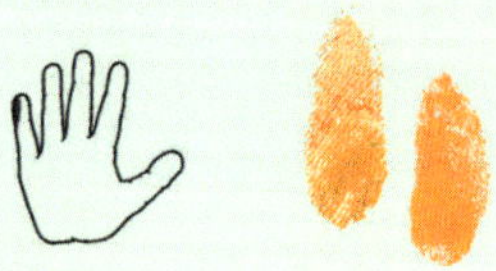

2. 

Seerose

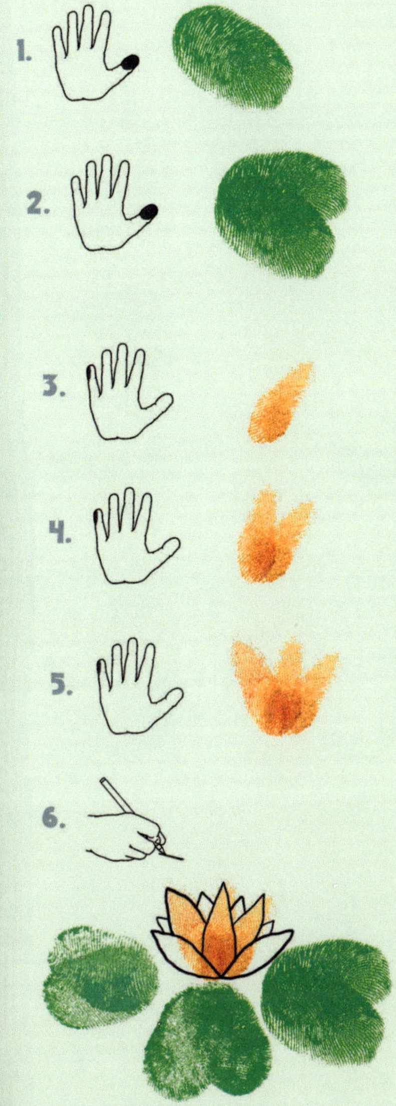

Frosch

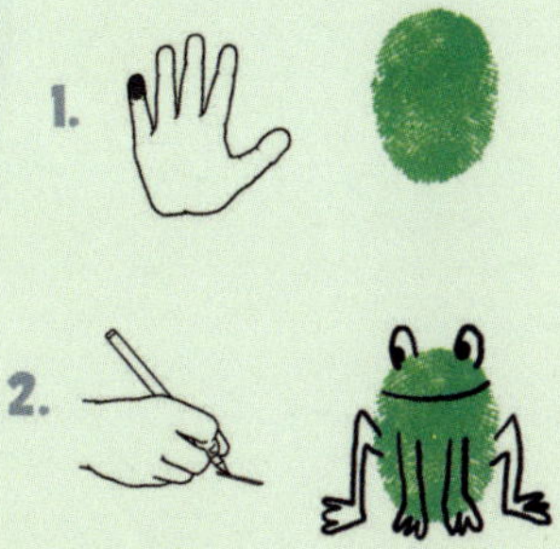

Der Gemüsegarten

Gießkanne

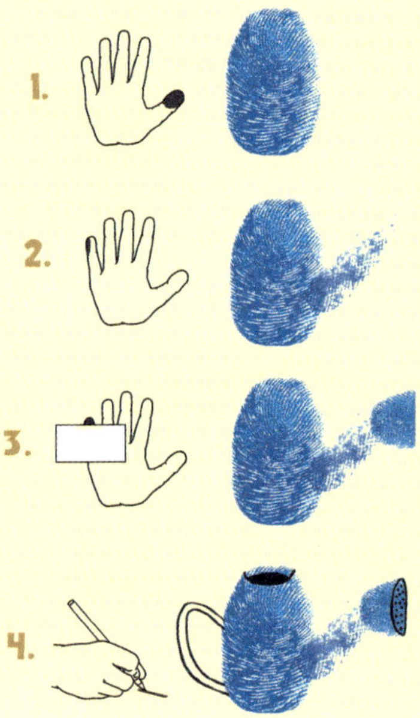

Tomate

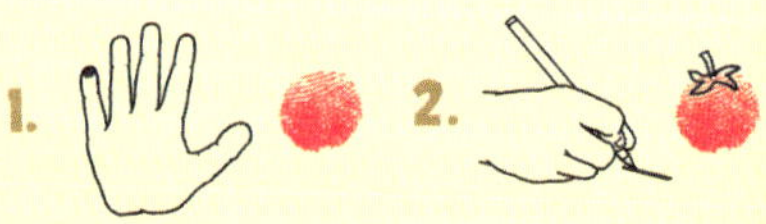

Himbeere

Blumenkohl

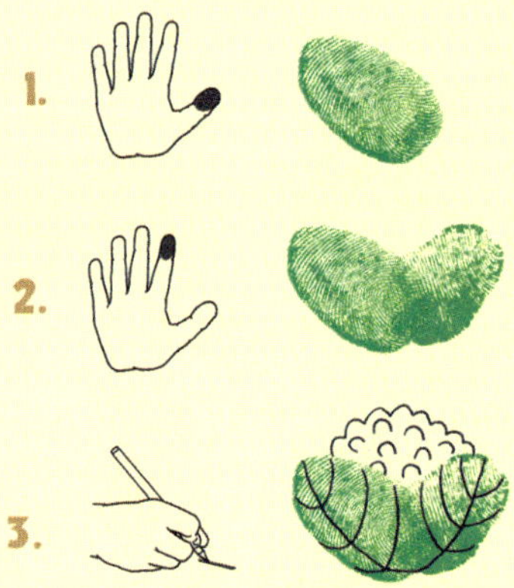

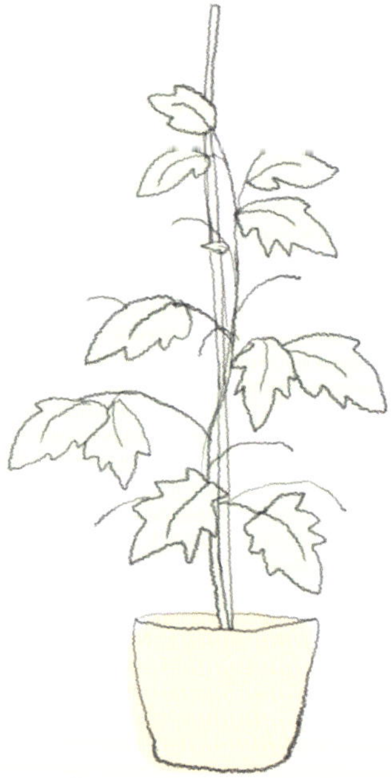

Bohnen

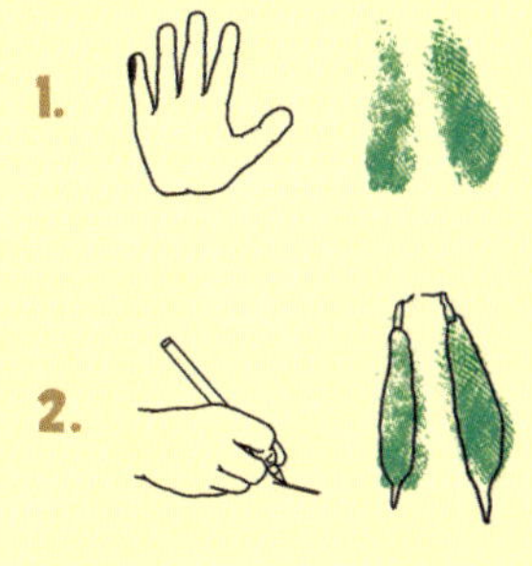

Möhre

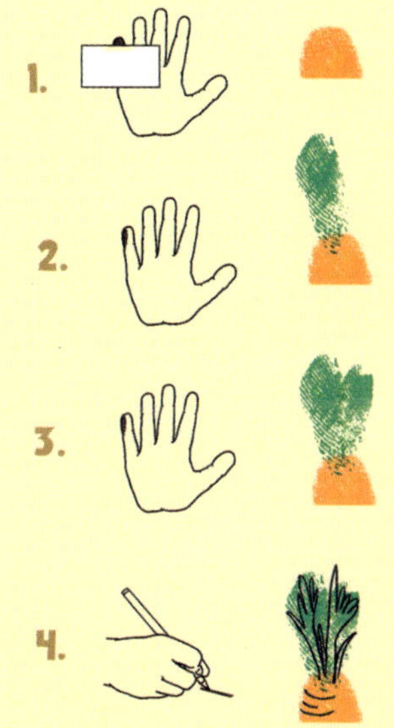

Salat

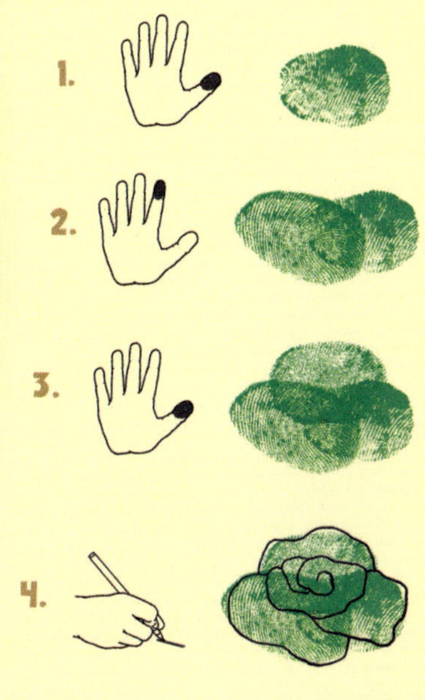

Die Getreideernte

Weizen

1. 

2. 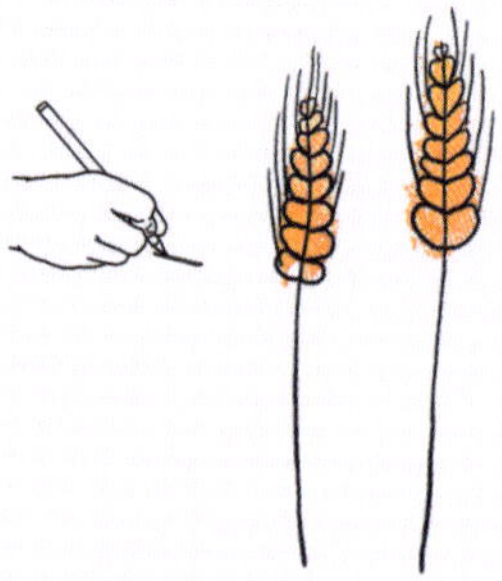

Mähdrescher

1. 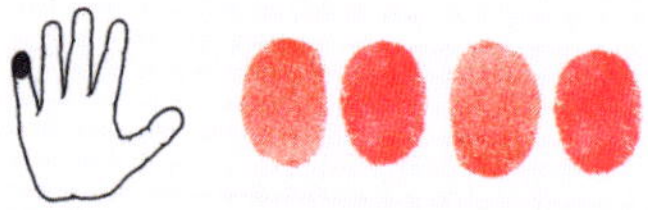

2. 

3. 

4. 

Traktor

1. 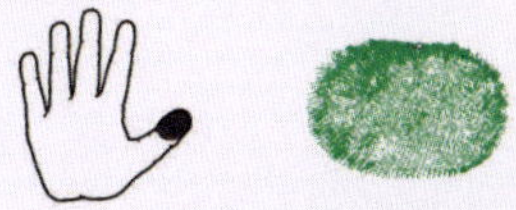
2. 
3. 
4. 
5. 

Anhänger

1. 
2. 
3. 

Biene

1. 
2. 

Der Ponyhof

Pony

1.

2.

3.

4.

Fohlen

1.

2.

3.

4.

Reiter

1.

2.

3.

4.

5.

Pony führen

Die Obsternte

Apfel

1. 

2. 

Birne

1. 

2. 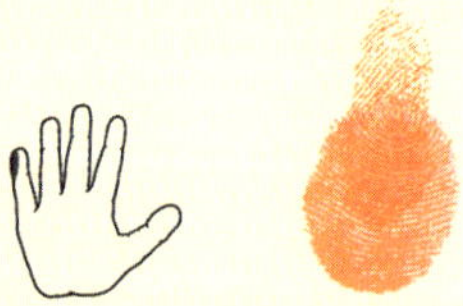

3. 

Blätter

1. 

2. 

Vogel

1. 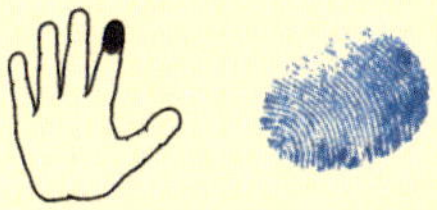

2. 

3. 

4. 

Erntehelfer mit Obstpflücker

1. 

2. 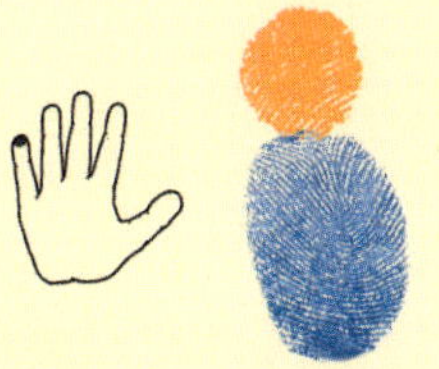

3. 

Der Angelsee

Ruderer

Fische

Angler

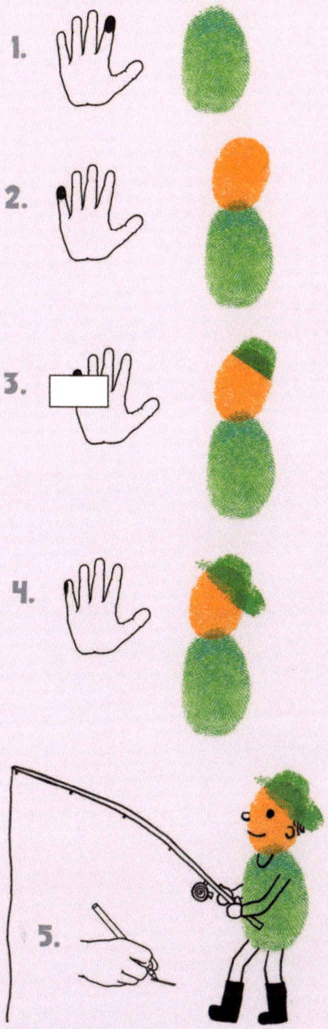

Fisch im Eimer

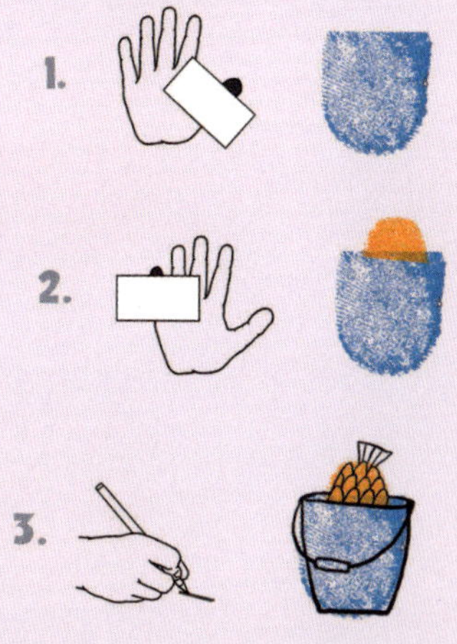

Das Sonnenblumenfeld

große Sonnenblume

1.

2.

kleine Sonnenblume

1.

2.

Schmetterling

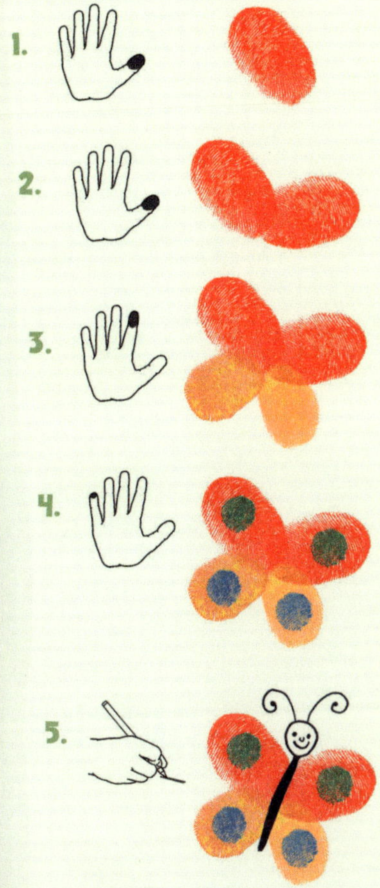

Sonnenblumenblätter

Der Hofladen

Brot

1.
2.
3.
4.

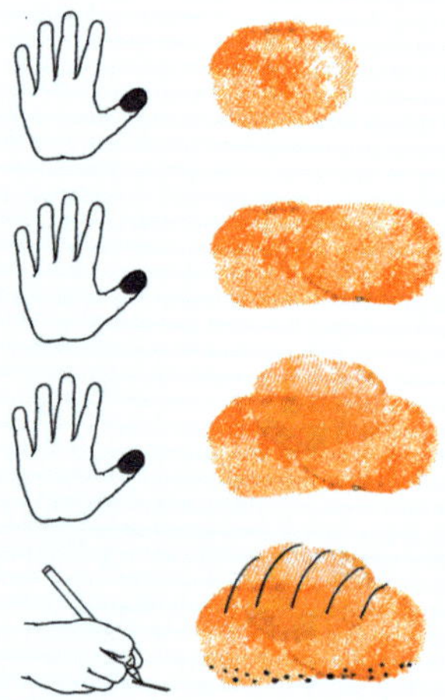

Gurke

1.
2.
3.
4.

Pflaume

1.
2.

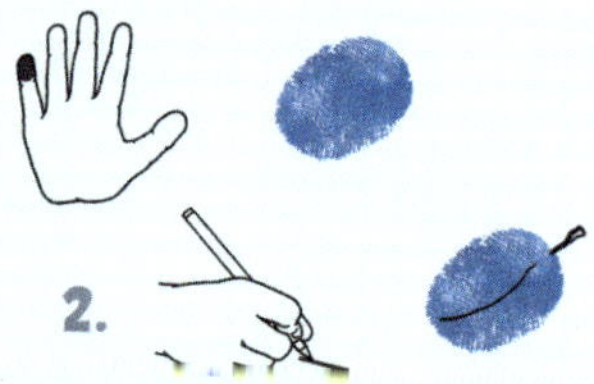

Kürbis

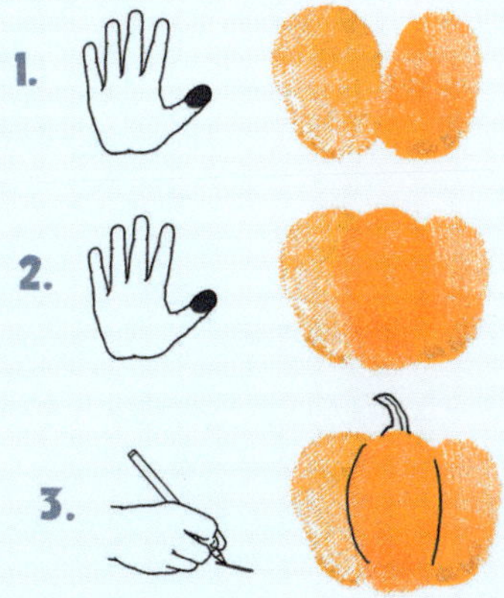

Würste

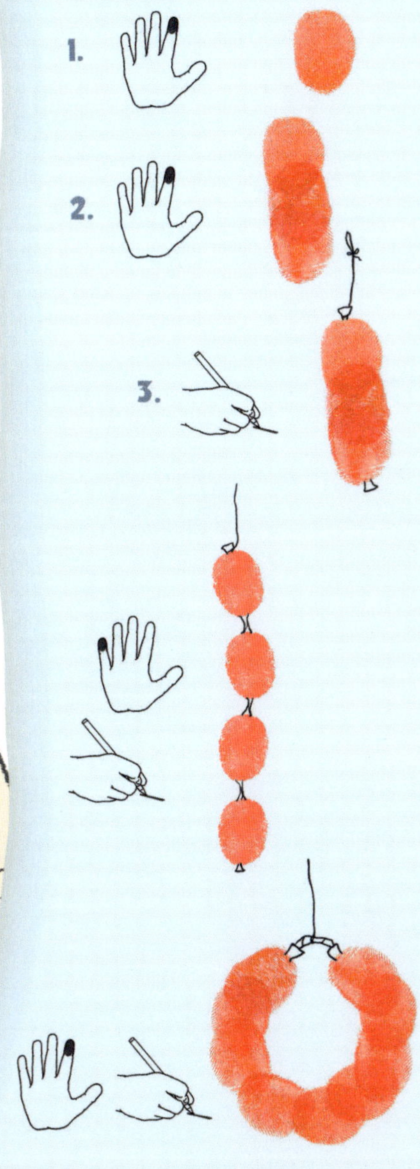

Wäsche und Feldarbeit

Hose

1. 

2. 

3. 

4. 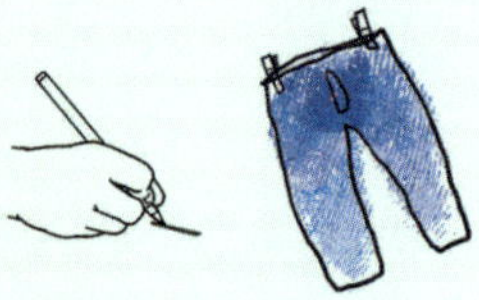

Pullover

1. 

2. 

3. 

Unterhose

1. 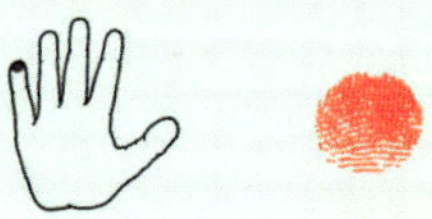

2. 

3. 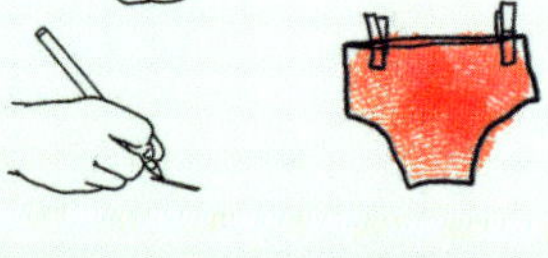

Traktor

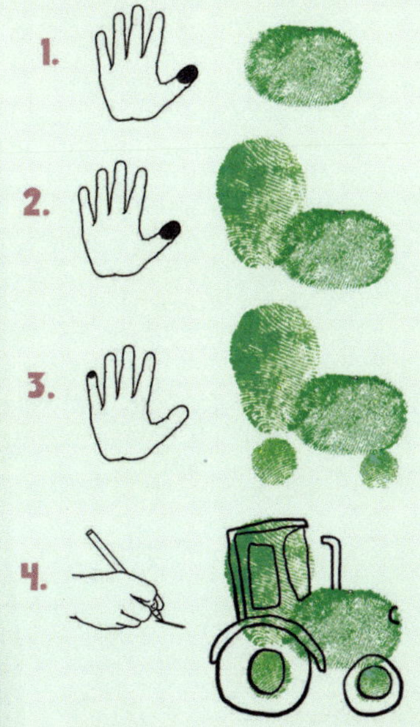

Pflug

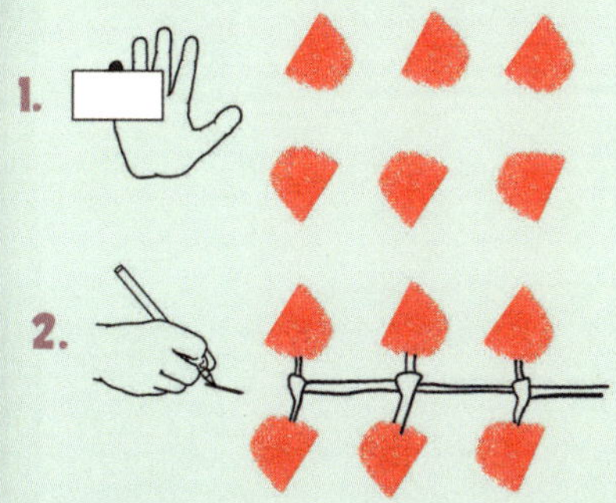

Vögel

Das Hoffest

Lampions

Saftkrug

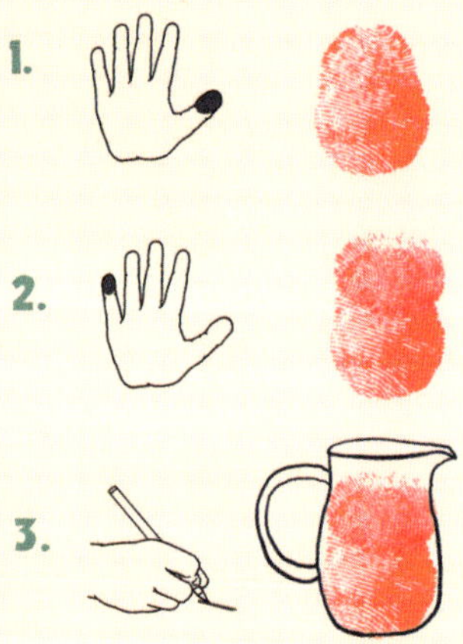

Fassbrause

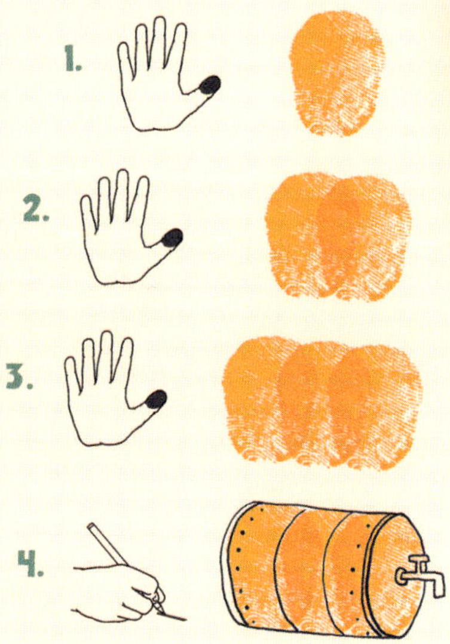

Menschen am Tisch

1.
2.
3.

Kinder mit Luftballons

1.
2.
3.
4.

Dein Bauernhof

Birkenstraße 10
D-14469 Potsdam

Handsymbole: Hauke Kock
Satz und Umschlaggestaltung:
MWK Zimmermann & Hähnel GmbH, Köln

Gesamtherstellung: Ullmann Medien GmbH, Potsdam

ISBN 978-3-7415-0419-8